早稲田社会学ブックレット
［社会調査のリテラシー　3］

澤口恵一

分布をみる・よむ・かく
——社会統計入門

学文社

はじめに

　本書は統計をはじめて学ぶ人向けに書かれた入門書であり，授業のテキストや副読本として利用されることを前提に書かれている．本書の内容を理解することにより，官庁や各種の研究団体が発刊している調査報告が読み取れるようになるはずである．社会調査士資格認定機構が定める，社会調査士認定科目のC科目にあたる履修内容をコンパクトにまとめたものとなっている．

　本書を読むうえで，統計学の基本的な学習過程を整理しておく必要がある．通常，統計学は，記述統計と推測統計の領域に大きくわかれている．両方を学んだ後に，多変量解析という手法を学ぶことが通常であろう．記述統計学と推測統計学の違いを理解するためには，標本と母集団の関係を理解することが前提となる．通常は，社会調査は母集団から無作為に抽出された標本に対してのみ調査が行われる．したがって，たとえば，標本のデータから平均を求めたとしても，その値が母集団の平均と一致をするとはかぎらない．

　記述統計学は，選ばれた標本についての，平均をはじめとする，各種の統計量を知るための方法である．あるいは，母集団すべてについて調査を行っているのだとすれば，単純な記述統計学の技法を適用すればよい．しかし，通常，われわれが知りたいのは，標本のことではなく，母集団全体のことである．標本のデータから母集団全体のことを推測するために，発展してきたのが推測統計学である．分散を求めるさいには，記述統計学の世界と推測統計学の世界では，数式が若干異なるということが起こる．

　本書では，記述統計学の世界のみを紹介する．本書で紹介する統計量を，統計パッケージソフトや表計算ソフトの関数で求めた場合，本書で

求めた結果と違った数値になることが起こりうる．これもまた，本書が記述を前提としているのに対して，それらが推測のための数式を適用しているためである可能性があることに注意していただきたい．

巻末には統計パッケージソフト SPSS の使用法についての概略を解説した．統計学の授業だけではなく，調査実習や卒業論文で統計処理を必要とする方にも参考にしていただきたい．

2008 年 2 月

著　者

目　次

第 1 章　データの構造　　5
1.1　データの 2 つのタイプ　　5
1.2　データの構造　　6
1.3　統計パッケージソフトの利用　　7

第 2 章　変数のタイプと集計の目的　　9
2.1　離散変数と連続変数　　9
2.2　分析の課題は何か　　11
2.3　離散変数の集計法　　12
2.4　連続変数の集計法　　12

第 3 章　代表値と形状の測度　　15
3.1　分布の中心はどこにあるのか　　15
3.2　分布の形状はどうなっているのか　　18

第 4 章　散布度と標準化　　21
4.1　分布のばらつきはどの程度あるのか　　21
4.2　比較のための標準化　　24

第 5 章　関連をとらえる　　29
5.1　変数のタイプと集計方法　　29
5.2　クロス集計表　　30
5.3　代表値・散布度の比較　　32
5.4　相関係数　　32
5.5　共変関係と因果関係　　36

第6章　コントロールとエラボレーション　39

- 6.1　擬似的関連ではないか ・・・・・・・・・・・・・・・ 39
- 6.2　第3の変数の影響を取り除く ・・・・・・・・・・・・ 41

第7章　離散変数の関連性　45

- 7.1　離散変数の関連をみるための統計量 ・・・・・・・・・ 45
- 7.2　誤差減少率からみた関連 ・・・・・・・・・・・・・・ 46
- 7.3　クロス集計表の分布の歪みからみた関連 ・・・・・・・ 48
- 7.4　順位相関係数 ・・・・・・・・・・・・・・・・・・・ 50
- 7.5　確率の比にもとづく統計量 ・・・・・・・・・・・・・ 52

第8章　官庁統計の利用　53

- 8.1　既存のデータを探す ・・・・・・・・・・・・・・・・ 53
- 8.2　官庁統計を読み解く ・・・・・・・・・・・・・・・・ 58

付録　SPSSによる基本的な統計処理　63

- 付.1　SPSSの基本操作 ・・・・・・・・・・・・・・・・・ 63
- 付.2　本書で学んだ集計方法 ・・・・・・・・・・・・・・ 66
- 付.3　SPSSによるデータの加工 ・・・・・・・・・・・・・ 68

おわりに　73
参考文献　75

第1章 データの構造

1.1 データの2つのタイプ

　社会学は実証的な研究を重視してきた学問領域である．実証研究では，現実を観察し，それを他者と共有できるかたちで測定をし，誰にでも理解できるかたちで記述を行う．とりわけ，社会調査による測定を統計量によって記述するという方法が，よく用いられている．

　本書では，社会学で扱われるデータの読み取り方について，必要な知識を得られることを念頭においている．記述の結果を特定のフォーマットに記録したものを，データという．データは雑然とした情報の集まりであり，それ自体は何も物語らない．そこで，雑然としたデータから，有益な知見を導き出すことが課題となる．本書では，その基本的な方法について解説をする．

　現代では，さまざまな調査が，政府や大学，報道機関などでさかんに行われている．私たちがニュースなどで，その結果を目にする機会も多い．そうした調査結果をとりまとめた，図表化された資料を，**集計表データ**という．これに対して，調査結果をそのまま記録した，個人別の回答結果がわかる形式のデータは，**個票データ**といわれる．

　社会生活を営むうえでは，通常，集計表データの読み取り方を理解していれば十分なはずである．しかし，自ら調査を行い，より詳細な分析を行う場合には，個票データを利用して，適切な統計処理をする力が必要となる．本書では，後者を読み解く力を身につけることを目指して

いく.

1.2 データの構造

次に,統計的処理を行う量的なデータのかたちに親しんでもらおう.通常,量的調査の結果は,統計処理をするために,次のようなかたちでデータ入力(データ化)をされる.観察単位(個人・集団など観察の対象となるもの)を各行に,測定した変数を各列に配置し,各観察単位の個別の属性を,該当するセル(枡目)に入れていく.こうした行列形式のデータを,データ・マトリックスということもある.

データには,数値ばかりがならんでいる.調査で測定した属性を,そのままに入力することはほとんどない.たとえば,属性が,「男性」・「女性」であったとしても,そのまま文字を入力するのではなく,属性に割り当てられたコードと呼ばれる数値を入力することが通常である.通常は,回答の選択肢につけられた番号がこれに対応する.

短い変数名や数値の羅列をみながらデータを修正するさいや,データの概要をつかむさいには都合が悪い.このために,データの構造を記した,いわばデータの解説書の役割を果たすのが,コードブックである.通常,データの入力を行うさいに事前に作成し,これを参照しながら入力を行う.コードには,データに調査票の問番号,データ上の変数名,変数が何を測定しているのかについての説明,またコードの内容などが記載されている.これによって,調査票の内容とデータとの対応関係が分析者に理解できる仕組みになっている.

1.3 統計パッケージソフトの利用

　データ・マトリックスは，表計算ソフトの画面に似ている．実際，データの入力は，表計算ソフトを用いて行われることが多い．しかし，統計的処理を行うさいには，統計パッケージソフトという専用のソフトを利用することが多く，その方が便利である．統計パッケージソフトの利点，表計算ソフトとの違いはどこにあるのだろうか．大きなメリットは2つある．第一に，採用できる統計処理の方法が，多彩でしかも，非常に簡単に実行することができるということがある．第二に，データそのものにデータの定義をすることができることがあげられる．統計パッケージソフトでは，コードブックに定義された，データについての解説を，データとともに編集し保存をしておくことができる．

　このことから派生する利点のひとつとして，欠損値の定義があげられる．欠損値とは，統計処理を行うさいに，分析から除外される値である．たとえば，調査の回答のなかには，回答者が拒否をすることによって生じる「無回答」や，属性によって回答をする必要がない「非該当」が含まれる．データ入力のさいには，こうした欠損値にも特定のコードを与え，数値を割り当てて入力を行う（たとえば，「無回答」には"888"，非該当には"999"というように）．ただし，このような数値を含む変数に対して，そのまま統計処理を行えば，不都合が生じる．このような数値を文字通りに数値としてみなして，平均値を求めたら，実際とは大きくかけ離れた結果がでてくることだろう．統計パッケージソフトでは，こうした欠損値をデータのなかに定義することができる．そのようにすれば，統計処理のさいに，欠損値は，自動的に処理の対象から除外されることになる．

第2章 変数のタイプと集計の目的

2.1 離散変数と連続変数

　変数には大きく分けて2つのタイプがあり，それぞれ**離散変数**（量的変数）と**連続変数**（質的変数・カテゴリー変数）と呼ばれる．たとえば調査項目のなかには，性別のように男性や女性のいずれかを選択する形式のものがある．おそらくその選択肢としてあげられている属性には，男性は1，女性は2といったような番号がつけられていることだろう．しかし，便宜的につけられた1，2といった数字には，数量としての意味はまったくない．たとえば，1倍，2倍といった差があるわけでもないし，差し引きをしたところで得られた数字に何の意味もあるわけではない．これを離散変数という．離散変数とは，便宜的に概念にコードを割り当てた変数を指す．離散変数の具体例としては，人種や出身地，最終学歴などがあげられる．

　一方，連続変数とは，数量そのものを示している変数のことである．たとえば，調査項目のなかでは，年齢や教育年数などがこれに該当する．連続変数では，数量そのものの値に大小の関係があり，その差が量的な違いを指し示している．

　この離散変数と連続変数という区別は，データから有効な知識を得るうえできわめて重要である．後にふれるように，変数のタイプによって，そもそも採用できる分析方法がまったく異なるからである．

　また，離散変数は，さらに**名義尺度**と**順序尺度**に分類することができ

る．性別や人種といった属性に付された値には，大小の序列はもともとない．こうした変数が名義尺度である．しかし離散変数のなかにも最終学歴や都市規模のように，教育年数や人口密度で換算した場合に，想定される大小関係や序列を想定できるものがある．これを順序尺度という．

連続変数もまた，**間隔尺度**と**比尺度**に分けることができる．これらの違いは，絶対的な基準点となる（ゼロ）が想定できるか否かであるとされる．たとえば，社会調査でよく尋ねられるものに満足度がある．たとえば，結婚の満足度を測るために，複数の項目が用意され，回答者は各項目に5段階評価のうちのいずれかを選択することを求められる．分析のさいには，複数の満足度についての項目を加算して，総合的な満足度得点を得ることができる．しかし，その得点は，満足度に関する調査対象者間の相対的な違いを示したものにすぎない．満足度の評価に0という基準点はそもそも存在しない．類似した例としては，気温があげられる．便宜的に水が固体となる温度を摂氏0度としているものの，気温が文字通りないという値ではない．こうした間隔尺度では，観察された値の差のみが分析上の意味をもつ．このようにAさんよりBさんのほうが満足度が高いということや，昨日より今日のほうが3度暑いといった使われ方をするのが間隔尺度である．間隔尺度は，絶対的な基準点をもたないため，「気温が2倍になった」という表現をすることはできないという性質をもつ．

一方，比尺度は絶対的な0という基準点をもっている変数である．たとえば，体重や身長やセンター試験の得点が比尺度である．これは絶対的な基準があるために，何倍といった表現が可能である．

ここまでの説明であきらかなように，変数には，いくつかのタイプがあり，変数のタイプによって可能な集計の方法が大きく違っている．データの分析を行うときには，まず集計の対象がどのタイプの変数であ

2.2 分析の課題は何か

 集計を行うさいの分析上の課題は何だろうか．もちろん研究領域によってさまざまなモデルが用意されているし，同じデータを用いても，研究者によってさまざまな分析を行うことができる．しかし，統計学的な処理の方法からすれば，そもそもデータを処理するさいの課題とは，そうそう多くあるわけではない．まずは次の3つに整理ができる．

① **変数の分布を把握する** この場合，集計を行ううえで，処理の対象となるのはひとつの変数だけである．こうした集計が行われるのは，世論調査のように単純に調査結果の概要だけが把握できればよい場合にかぎられる．

② **変数間の関連を把握する** この場合，集計を行ううえで，処理の対象となるのは2つの変数であり，通常，一方の変数がもう一方の変数に対して影響を与えていることが想定される．通常，社会調査を行うさいには，ある要因がある結果をもたらすという仮説を検証することが求められる．あるいは，世論調査においても，男女差や地域差に注目しなければいけないこともあるだろう．そうした場合には，ここでいう変数間の関連をさぐる分析法が必要となる．

③ **他の変数の影響を統制したうえで変数間の関連を把握する** この場合，処理の対象となるのは3つ以上の変数である．通常，一方の変数がもう一方の変数に対して影響を与えていることが想定され，第3の変数の効果を統制することで，両変数の関連をより正確に見極めようとする．原因と想定した変数と，強く関連した他の変数が，一方の変数に関連していることも想定される．こうした擬似的な関連に惑わされないようにするには，他の変数の効果を統制する

方法に習熟する必要がある.

それぞれの課題に採用される集計方法は,変数のタイプによって異なる.したがって,こうした集計を行うさいにも,常に,変数がどのタイプであるのかに注意をすることが必要である.さて,本書では,上の3つの手法についてそれぞれ基本的な集計方法を紹介していくことにしよう.

2.3 離散変数の集計法

集計対象となる変数が離散変数の場合には,可能な集計は限定される.離散変数の集計方法としては,度数分布表を示すか,それを棒グラフや円グラフとして表現するほかはない.

度数分布とは,ある変数において,それぞれの値が何回,出現するかをカウントしたものである.出現頻度を実数で示しても,解釈はしにくいので,表1のように,度数そのものではなく,全体にしめるその割合(相対度数)を示すことが通常である.

表1　度数分布表の例（勤め先までの片道の通勤時間）　　(%)

N	0～29分	30～59分	60～89分	90～119分	120分～
241	35.3	28.2	29.5	6.2	0.8

注:データは筆者の「保育園施設利用者調査」

2.4 連続変数の集計法

これに対して連続変数では,さまざまな集計法が採用できる.連続変数の分布をとらえる視点を理解する前に,まずその分布を視覚的にとらえられるようにしておこう.連続変数の分布は,図1のようなヒストグ

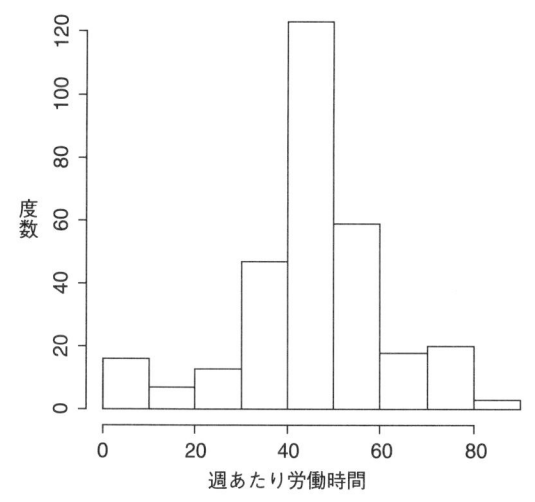

注:データは早稲田大学人間総合研究センター「からだ・こころ・つながりの発達調査」

図1 ヒストグラムの例

ラムと呼ばれるグラフで視覚化することができる.

ヒストグラムでは,横軸が,変数の値の範囲(左から右に値が大きくなるようにする)を示し,棒の高さがその出現頻度を示している.連続変数を任意の区間で区切っているために,離散変数で描かれる棒グラフとは異なり,棒には隙間がないことに注意をしていただきたい.

次に,連続変数の分布の特徴を数値化してとらえる方法について説明していこう.分布の特徴をとらえるには,3つの視点があり,それぞれにいくつもの統計量がある.

① 分布の中心をとらえる統計量(代表値)
② 分布のかたちをとらえる統計量(尖度,歪度)
③ 分布のばらつきをとらえる統計量(散布度)

以下で,上の各項目に該当する,統計量を紹介していくことにしたい.

第3章 代表値と形状の測度

3.1 分布の中心はどこにあるのか

データの分布をみるさいに,その中心がどこにあるのかに注目することができる.具体的な統計量としては,平均値,最頻値,中央値といったものがある.

3.1.1 平均値

分布の中心を数値化してとらえるさいに,もっともよく採用される手法は**平均値**を求めることである.平均値とは,変数の個々の値をすべて足しあわせ,データの個数で割った値である.さまざまな高さに積み上げられた積み木の山を,同じ高さになるようにあわせることをイメージしてもらえばよい.高さが低い山を,他よりも高い山で,補えばすべての山が同じ高さになる.すべての山が同じ高さにならした後で,その高さを求めたものが平均値である.平均値を求める数式は,式 (3.1) に示した.数式に抵抗感がある方もいることだろうが,統計学を理解するためには,数式に親しんでおいたほうがよい.

$$\bar{x} = \frac{1}{n} \sum_{i=1}^{n} x_i \tag{3.1}$$

$\bar{x}$ は平均値,x_i は変数 x の i 番目の観察値,n は観察されたデータの総数を指す.

式 (3.1) の Σ(シグマ)は総和を求める記号である.変数 x の値をすべて足しあわせ,n 分の 1 を掛けるということは,x の平均を求めよと

いう意味であると覚えておくとよい．なぜなら，この数式は，統計学のなかで頻繁にみられるからである．同様に，ここで用いた記号も一般的によく使われるものなので，覚えておこう．

平均値は，データの分布の中心をとらえるために頻繁に利用される統計量ではあるが，ときには中心から大きく隔たった値を示すこともある．

データの個数が少なく，そのなかに外れ値（極端に大きく隔たった値）が含まれている場合には，平均値が，いわゆる「標準的」な値とは大きくかけ離れてしまうことがある．

たとえば日本の所得分布は，図2のような分布となる．全体からみて，大きく隔たっているのは大きな値をもつ，分布上右側に該当するものになるので，このような分布を右に歪んだ分布という．平成18年度の国民生活基礎調査によれば，平均所得金額は564万円であるが，もっ

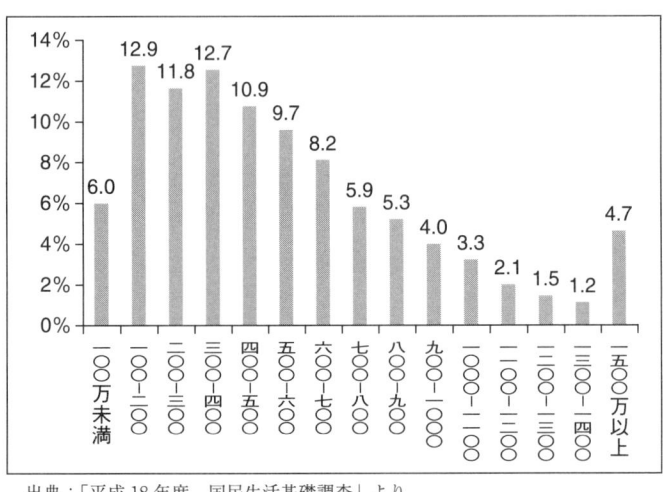

出典：「平成18年度　国民生活基礎調査」より

図2　日本の所得分布

とも多くの人が該当するのは，100万円から200万円台である．「平均的」という言葉には，「多くの人に当てはまる」という意味合いが含まれていると考えるのは誤りである．

3.1.2 最頻値と中央値

むしろ多くの人が当てはまる値を指し示すのは，**最頻値**である．図1のようなヒストグラムで，棒が一番高くなるところの値が最頻値である．いわゆる「よくいるタイプの人」は「平均的なタイプ」というよりは，「最頻のタイプ」と表現すべきである．

また，分布の中心を示す統計量のひとつに**中央値**がある．中央値とは，データを小さい順番に並べたときに，真ん中の順番にくる値のことである．中央値は平均値とくらべて，素朴な統計量にみえるものの，分布のかたちや，外れ値の影響を受けにくいという大きな利点がある．平成18年度の国民生活基礎調査によれば，日本の所得の中央値は458万円である．右に歪んだ分布の場合，平均値よりも小さな値になることがわかる．

平均値，中央値，最頻値の大きさと，分布のかたちには次のような対応関係がある．右に歪んだ分布では，平均値 > 中央値 > 最頻値 の順に，値が大きくなる．一方，左に歪んだ分布では，この順序は逆になり，平均値 < 中央値 < 最頻値 という順になる．

中央値にはもうひとつの利点がある．たとえば，結婚年齢のように未経験者が多数存在する事象について分布の中心を求めたいときがある．この場合，平均値を求めるには，すでに経験をした者の結婚年齢から求めるほかない．当然，今後経験される可能性のある未経験者の結婚年齢は計算の対象外となるため，分布の中心が著しく低い値になり，その解釈は困難となることが多い．これに対して，中央値は，全体の50％が結婚経験をした時点で，確定することになる．結婚年齢の時代による変化をとらえるためには，中央値のほうが適している．

3.2 分布の形状はどうなっているのか

分布をとらえるための，第3の統計量は，分布の形状を数値化するためにつくられたものである．尖度と歪度がこれに該当する．

3.2.1 正規分布

図3のような形状の分布を，**正規分布**という．正規分布は釣り鐘型をしており，そのために英語ではベル・カーブとよばれることもある．正規分布のかたちをごらんいただければわかるように，左右対称で中心部がもっとも高い．したがって，平均値・最頻値・中央値が，まったく同じ値となる分布でもある．図3のように平均が0，分散が1になる正規分布は標準正規分布と呼ばれている．

正規分布は，自然や社会に意外なほど多くみることができる．たとえば，生物の大きさや，工業製品の微妙な大きさの違い，あるいは日々の株価の変動などは，正規分布を描くとされる．推測統計学でもまた，推定を行うさいに，この正規分布の性質を利用している．統計学を学ぶうえで，もっとも重要な分布のかたちであるといえる．

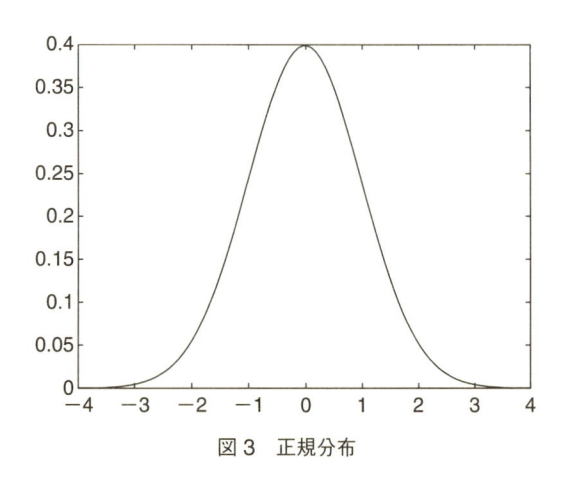

図3 正規分布

3.2.2 尖度・歪度

尖度・歪度などの統計量は，集計の対象となる変数の分布が，正規分布といかに異なるかを，教えてくれる．正規分布であれば，尖度・歪度はいずれも3となる．図4に，分布による尖度・歪度の値を示しているので，数値と分布の形状との対応関係を確認しておこう．

尖度は文字通り，分布の山の稜線が細く尖っているのか，あるいは太く緩やかであるのかを数値で示したものである．基準となる形状は，正規分布であり，正規分布よりも，裾が高く緩やかな形状をしている場合には，尖度は3以下となり，正規分布よりも鋭く尖っている場合には，

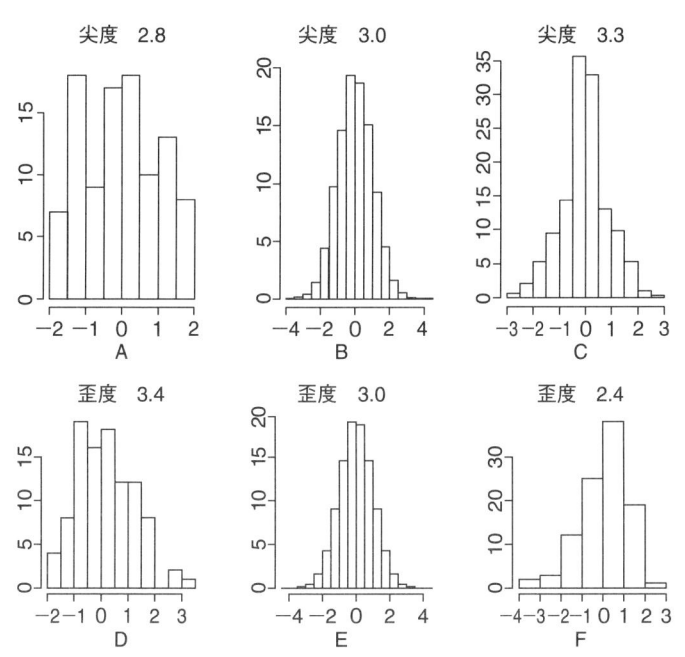

注：グラフは筆者が便宜的に作成した仮想的なデータから作成したヒストグラム

図4 分布の形状と尖度・歪度の値

3以上となる．

歪度は，分布が右に歪んでいるのか，左に歪んでいるのかを教えてくれる統計量である．正規分布よりも，右に歪んだ形状の分布であれば，歪度は3以上になり，左に歪んだ分布であれば3以下となる．

第4章 散布度と標準化

4.1 分布のばらつきはどの程度あるのか

量的変数では，分布の中心とともに，ばらつきの大きさを数値化してとらえることが重要である．ばらつき具合を示す測度は，散布度と総称されている．代表値は，分布全体の中心点をみつけようとしていたのに対して，散布度は，個人差がどの程度あるのかに注目したものといえる．散布度に該当する統計量はさまざまである．分散・標準偏差・パーセンタイル・最小値・最大値などがこれに該当する．これらのなかでも，とりわけ，後に，推測統計学を学ぶ場合に，繰り返しでてくる重要な統計量が，分散・標準偏差である．

4.1.1 分散と標準偏差

データのばらつきをとらえる統計量のなかで，もっとも重要なのは分散（s^2）である．分散とは，個々の観察された値すべてについて，平均値との差を求め，それを2乗した値の平均値である．

$$s^2 = \frac{1}{n} \sum_{i=1}^{n} (x_i - \overline{x})^2 \tag{4.1}$$

個々のデータのばらつきは，平均との差にほかならない．これを**偏差**という．この偏差の総量が，データのばらつきそのものなのであるが，偏差の総和を求めると，当然ながら0になってしまう．そこで，偏差についている正負の符号を取り除くために，各偏差を2乗する（偏差平方）．分散とは，この偏差平方の平均値である．

ただし分散は計算の過程で,偏差を2乗しているため,分散の値は,データを理解するうえでは,直感的にその量が評価しにくい.そこで,分散の正の平方根を求めれば,個々のデータのばらつきをとらえやすい.分散の平方根を,標準偏差 (s) という.

$$s = \sqrt{\frac{1}{n}\sum_{i=1}^{n}(x_i - \overline{x})^2} \tag{4.2}$$

実際の計算法を,具体的なデータを使った演習で求めてみよう.表2は,2006年におけるJリーグの年間勝点と,その分散を求める過程を示したものである.この年の勝点の平均値は47.6であった.偏差平方

表2 分散の計算 (Jリーグ・J1における2006年のチーム別年間勝点)

チーム名	年間勝点	偏差	偏差平方
浦和レッズ	72	24.4	594.8
川崎フロンターレ	67	19.4	375.9
ガンバ大阪	66	18.4	338.2
清水エスパルス	60	12.4	153.5
ジュビロ磐田	58	10.4	107.9
鹿島アントラーズ	58	10.4	107.9
名古屋グランパスエイト	48	0.4	0.2
大分トリニータ	47	−0.6	0.4
横浜F・マリノス	45	−2.6	6.8
サンフレッチェ広島	45	−2.6	6.8
ジェフユナイテッド千葉	44	−3.6	13.0
大宮アルディージャ	44	−3.6	13.0
FC東京	43	−4.6	21.3
アルビレックス新潟	42	−5.6	31.5
ヴァンフォーレ甲府	42	−5.6	31.5
アビスパ福岡	27	−20.6	424.8
セレッソ大阪	27	−20.6	424.8
京都パープルサンガ	22	−25.6	655.9
平均	47.6	0.0	183.8

出典:社団法人日本プロサッカーリーグ

の平均，つまり分散は 183.8 である．

分散や標準偏差の値が大きいほうが，データに大きなばらつきが生じていることになる．同じ試験の得点で，男女別に分散を求めたところ，女性より男性のほうが分散の値が大きくなったとしよう．分散の値から，男性のほうが出来不出来に差が生じていると判断してよい．

なお，表 2 の計算の例は，表計算ソフトを用いて計算をし，小数点第 1 位の表示のみ四捨五入したものである．計算の過程で，平均値や偏差を四捨五入した場合には，計算の結果は若干異なるものになる．

4.1.2 分位数

データを小さい順番に並べたときに，節目となる順番の値をとりだしたものが**分位数（パーセンタイル）**である．データ数の 25 %，50 %，75 %目にあたる順番の値をとくに**四分位**という．それぞれの値を，**第 1 四分位（あるいは 25 パーセンタイル），第 2 四分位（50 パーセンタイル），第 3 四分位（75 パーセンタイル）**という．このうち第 2 四分位は，すでに述べた中央値とまったく同じものである．なお四分位は，25 %ごとに節目を入れているが，10 %ごとに節目を入れることもできる．

単純な統計量ではあるが，四分位やパーセンタイルは，直感的にデータの分布が把握しやすい．たとえば 25 パーセンタイルから 75 パーセンタイルの範囲に，全体の半数が，該当すると考えることができる．また，中央値について指摘したように，未経験者が多数含まれるような出来事経験年齢の分布をとらえるのができるのも，四分位の利点である．

四分位の値を視覚的に表現したグラフが箱ひげ図である（図 5）．箱ひげ図には，3 つの横線で囲まれた四角形が描かれている．この 3 つの線が，下から第 1，第 2，第 3 四分位の値を示している．箱の下にあるひげは，第 2 四分位と第 1 四分位の差の 1.5 倍を，第 1 四分位から引いた値を示している．上のひげも同様に，第 2 四分位と第 3 四分位の差の 1.5 倍を，第 3 四分位の値に加えた値を示す．上部にある点は，上下の

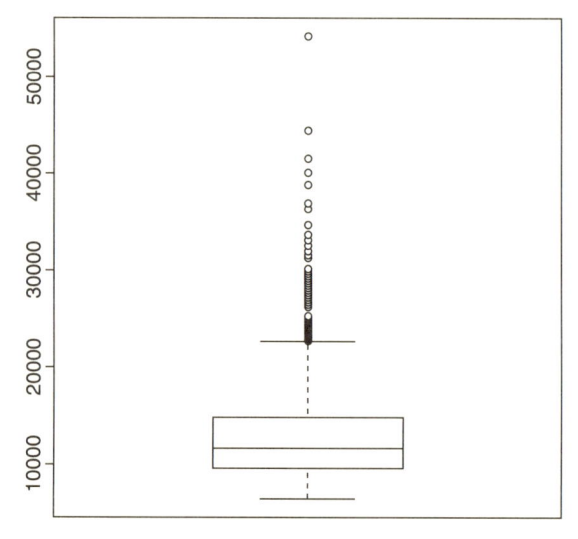

図5 箱ひげ図の例

ひげの外側にある観察対象を示している．こうした値は，外れ値と呼ばれ，データの入力ミスの可能性もあり，分析上注意を要する値であると考えられる．

4.1.3 最小値，最大値，範囲

集計対象となる変数で，もっとも小さな値を**最小値**，もっとも大きな値を**最大値**という．最大値と最小値の差を，範囲という．同様に，第1四分位と第3四分位との差を**四分位範囲**という．

4.2 比較のための標準化

分散や標準偏差の大きさを比較できるのは，ひとつの変数を，2つのグループ別にみたときのみである．つまり，2つの異なる変数のあいだで，分散の値を比較することはできない．

たとえば，異なる試験問題の分布を比べるさいに，分散を用いるべきではない．分散は平均の値が異なれば，まったく異なる値になってしまうからである．同じ変数ですら，単位を変えただけで，分散の値は大きくかけ離れた値になってしまう．試しに，表2のデータを10倍して，分散を求めてみればよい．分散は元の値の100倍になることがおわかりいただけるだろう．たとえば，日米の所得を比較するさい，ドル建てか円建てで計算するかで，同じ国の所得の分散であっても，分散はまったく違った値になってしまうのである．

4.2.1 変動係数

異なる変数間で，ばらつきの度合いを比較するには，**変動係数**を用いるとよい．変動係数 (C_v) は，標準偏差を平均値で割った値である．そうすることで，平均値の大きさが調整されるので，異なる変数間でばらつきの大きさを比較することが可能となる．

$$C_v = \frac{s}{\bar{x}} \tag{4.3}$$

表3のデータは，2004年から2006年のJリーグの年間勝点と，その平均・分散，そして変動係数を示したものである．2004年については2ステージ制だったので，2ステージ分を合算して通年の勝点を求めた．変動係数の値がもっとも大きいのは，2006年であるから，このときが，チームの力の差がもっとも開いた年であるとわかる．

4.2.2 標準化得点

データの分析をするさいに，異なる変数のあいだで，個人がおかれた相対的な位置を比較したいときがある．たとえば，ある学生が，2つの異なる試験の得点で，2回同じ得点をとったとしても，その価値が同じであるとはいえない．2つの試験は難易度も違うだろうし，平均値や分散もまた異なる．両テストの得点が同じであったとしても，平均点が低いテストでとったほうが，相対的には高い成績を収めているはずで

ある.

異なる試験でとった得点が,どちらがより高い価値のあるものなのかを統計的に比較することは,**標準化得点**(**z 得点**とも呼ばれる)を使えば簡単にできる.

標準化得点は,個々の観察対象について個々の観察単位に割り当てられる値である.標準化得点は,偏差(この場合は試験の平均点とその学生がとった得点との差)を,標準偏差で割った値である.こうすることによって,変数間の平均の違いと,標準偏差の違いが調整されることになる.

$$z_i = \frac{x_i - \overline{x}}{s} \tag{4.4}$$

標準化得点の分布は,必ず平均が 0,分散が 1 となる(したがって標準偏差も 1 である).データの分析をするうえで,この標準化得点を用いることは多い.あるいは,いくつかの統計的な分析法は,その計算の過程で標準化得点を利用している.

さて,表 3 の J リーグの年間勝ち点のデータを例に,標準化得点を用いて各チームの成績の推移を年次別に比較していくことにしよう.鹿島アントラーズの順位は 6 位 →3 位 →6 位と推移しているが,標準化得点でみると,0.64→1.19→0.77 となる.同じ 6 位であっても,2006 年度の成績のほうが,相対的にはよい成績であったといえるだろう.また,浦和レッズは,1.91→1.19→1.80 と推移しており,2004 年の成績が,相対的に高かったといえる.

表3 変動係数による比較(Jリーグ・J1の2004〜2006年のチーム別年間勝点)

順位	2004年		2005年		2006年	
1	浦和	62	G大阪	60	浦和	72
2	横浜FM	59	浦和	59	川崎	67
3	G大阪	51	鹿島	59	G大阪	66
4	市原	50	千葉	59	清水	60
5	磐田	48	C大阪	59	磐田	58
6	鹿島	48	磐田	51	鹿島	58
7	名古屋	44	広島	50	名古屋	48
8	FC東京	41	川崎	50	大分	47
9	東京V	39	横浜FM	48	横浜FM	45
10	新潟	37	FC東京	47	広島	45
11	神戸	36	大分	43	千葉	44
12	広島	31	新潟	42	大宮	44
13	大分	30	大宮	41	FC東京	43
14	清水	29	名古屋	39	新潟	42
15	C大阪	26	清水	39	甲府	42
16	柏	25	柏	35	福岡	27
17			東京V	30	C大阪	27
18			神戸	21	京都	22
	平均	41.0		46.2		47.6
	標準偏差	11.02		10.76		13.56
	変動係数	0.269		0.233		0.285

出典:社団法人日本プロサッカーリーグ

第5章 関連をとらえる

5.1 変数のタイプと集計方法

　世論調査などでは，各変数の分布をとらえられれば十分であるという場合も多い．しかし，社会科学では，ある結果に影響をもたらした要因をあきらかにしたいと考える．そのために，仮説を立て，データと仮説が適合しているか否かを検証していく．そこでは最低2つの変数が扱われることになる．社会現象は実に複雑な要因が絡み合っているため，このような単純化がうまくいくことはないといっていい．しかし，そうした複雑な変数間の関連をとらえようとする統計学を学ぶ前に，まずはしっかりと2つの変数の関連をとらえる方法について理解をしておく必要がある．

　変数間の関連をみるさいには，通常影響を与える変数と，その影響を受ける変数が想定されていることが多い．前者を**独立変数**，後者を**従属変数**という．

　2つの変数の関連をとらえる場合には，1変数の分布をとらえるさいと同様に，変数のタイプによって適用できる方法と適用できない方法に分かれてくる．さらに2つの変数がそれぞれどのような組み合わせであるのかを把握しておくことが重要である．

　ここで，それぞれの組み合わせに応じた典型的な集計法をまとめておこう（表4）．

表4 典型的な集計方法

独立変数と従属変数	集計法	グラフ
1. 離散変数と離散変数	クロス集計表	—
2. 離散変数と連続変数	属性別の平均・分散などの比較	箱ひげ図
3. 連続変数と連続変数	相関係数	散布図
4. 連続変数と離散変数	連続変数を離散変数に変換したうえでクロス集計表を作成	

5.2 クロス集計表

離散変数同士の関連をみるための，もっとも単純な集計法は**クロス集計表**を作成することである．クロス集計表は，独立変数の属性別に，従属変数の分布の違いを，度数や，パーセンテージで示したものである．独立変数の属性ごとにデータを分割し，それぞれのなかでの，従属変数の度数分布を示したものと考えてよい．

セルのなかは，独立変数の属性ごとの集計対象の数（N）を分母にした，各セルの度数の比率である，**行パーセント**が表示される．各行の合計が100％となるように，計算されているために，こう呼ばれている．各属性別に行パーセントを比較することによって，「男女のいずれに賛成派が多いのか」ということが簡単にわかる．

各列のNを分母にした**列パーセント**や，全体のNを分母とした**全体パーセント**も示されることがあるが，クロス集計表で用いられるのは，多くの場合行パーセントである．

表5の例では，共働きの女性（母親）が，子どもの保育園への送り迎えについて，どの程度親（祖父母）からの支援を受けているのかを，親の居住地の距離別に示している．全体としては，支援を受けているのは少ないものの，親の居住地との距離が遠くなるほど，支援を受ける割合が減っていくことがわかる．

表5 クロス集計表の例（住まいの距離別にみた親からの子育て支援の有無） (%)

	N	なし	あり
全体	324	75.3	24.7
同じ敷地	26	34.6	65.4
歩いていける範囲	39	41.0	59.0
片道30分未満	46	65.2	34.8
片道1時間未満	67	76.1	23.9
片道2時間未満	53	86.8	13.2
片道2時間以上	93	98.9	1.1

注：データは筆者の「保育園施設利用者調査」

ここで，上のような典型的なクロス集計法の作成方法を要約しておこう．統計パッケージソフトを使用して，表を作成するさいに，参考にしていただきたい．

① 独立変数を行とし，従属変数を列とするように表を作成する．
② 割合を示すさいには，行パーセントを表示する．
③ 全体および独立変数の各属性別集計対象数（N）を示す．

クロス集計表に，度数と割合を併記する場合もあるが，多くの場合それは必要ない．Nがわかっていれば，度数は計算から求めることができるためである．

パーセントで示された数値を比較するさいには，表現に注意が必要である．クロス集計表で示される，パーセントの差を表記するときがある．たとえば，ある意見に対する賛成派の割合が，男性30％，女性15％であったとする．この場合に，「男性は女性よりも，15パーセント賛成派の割合が多い」と表記をしたくなるが，これは曖昧な表現であり混乱をまねく．2倍多いのだから，「200パーセント多い」というほうが妥当であろう．このような場合には，「男性は女性よりも，15ポイント賛成派が多い」と表現すべきでる．

5.3 代表値・散布度の比較

独立変数が離散変数であり，従属変数が連続変数であるという場合には，さまざまな集計法を採用することができる．連続変数の分布をみるための統計量は，すでに述べたようにさまざまであり，それを属性別に算出したうえで比較すればよい．

たとえば，試験の男女別の平均や分散を求めるような場合がこれに該当する．あるいは，生まれた年を10年ごとに区切って，結婚年齢の四分位を比較することで晩婚化がどれだけ進んでいるのかを検討することができるだろう．グラフにしたいのであれば，属性別の箱ひげ図を示すのもよい．

5.4 相関係数

5.4.1 相関係数の解釈

2変数の関連を視覚的にとらえることができるグラフに**散布図**がある．散布図は，横軸に独立変数 x をおき，従属変数 y を縦軸として，各観察単位の値を，2次元の図に位置づけたものである．散布図に示された点が，右肩上がりの直線上に分布をしていれば，「x が大きくなるほど y が大きくなる」という相関があることになる．この関連を正の相関という．逆に右肩下がりの直線上に点が分布をしていれば，2つの変数には「x が大きくなるほど y が小さくなる」という相関があることになる．このような関連を負の相関という．

一方，点がグラフの全面にまんべんなく分布をしているような場合には，関連はみいだせないことになる．同様に，y が x 軸に水平に並んでいるような場合にも，まったく関連はないと判断できる．いずれも，x の値がいくつであろうと，y の値には無関係だからである．

第5章 関連をとらえる　33

　図6は，2004年のOECDのデータをもとに，各国の合計特殊出生率と婚外子率との関連を散布図で示したものである．点が直線付近に分布をしており，2つの変数に正の相関があることがみてとれる．スウェーデンやデンマークでは，同棲カップルにも結婚をしている夫婦と同じような権利を認めている．こうした国のほうが，そうではない国々よりも，出生率が高いということが，このグラフから読み取ることができる．

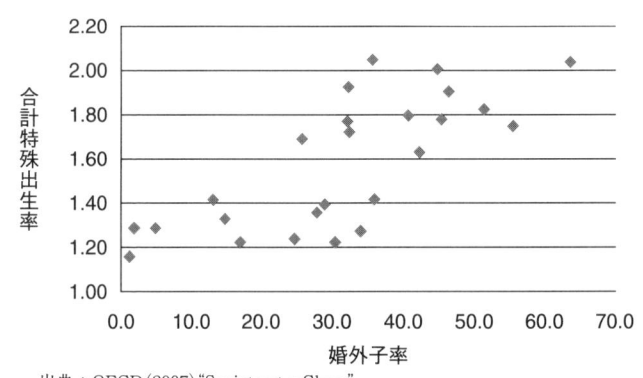

出典：OECD (2007) "Society at a Glace"

図6　散布図の例（婚外子率と合計特殊出生率）

　散布図で確認された，2変数間の関連を数値で簡潔にとらえるためには，ピアソンの積率相関係数を用いるとよい．

　相関係数は -1 から $+1$ の値をとる係数で，0のときには無相関であり，絶対値で1に近づくほど高い相関があることを示している．プラスとマイナスの符号は，関連の方向を示す．プラスであれば正の相関がある．逆に，マイナスならば負の相関が生じていると解釈する．

　相関係数がいくつ以上であれば，2つの変数に重要な関連があるといえるのかを単純に数値で示すことは適切ではない．関連の重要さは，数値を解釈する側が分析課題に応じて評価すべき問題だからである．

むしろ，相関係数の2乗が，x によって y の分散が説明できる割合を示していることを知っておくとよい．相関係数が 0.3 であれば，従属変数の分散の 9％が独立変数によって説明できることになる．

5.4.2 相関係数の計算法

ピアソンの積率相関係数は，5.1 の数式で示されるように，2つの変数の標準化得点を掛けた値の平均値である．なぜ，これで2つの変数間の相関を示す．係数を得ることができるのかを考えてみよう．

$$r_{xy} = \frac{1}{n} \sum \left(\frac{x_i - \bar{x}}{s_x} \right) \left(\frac{y_i - \bar{y}}{s_y} \right) \tag{5.1}$$

上の式の s_x, s_y はそれぞれ x と y の標準偏差を示している．

表6は，図で示した婚外子率と合計特殊出生率のデータから，相関係数を求める過程を示したものである．x の値が平均よりかなり大きく，y の値が平均よりかなり大きいという組み合わせでは，標準化得点の積は，比較的大きな正の値となる．x の値が平均よりかなり小さく，y の値が平均よりかなり小さいという組み合わせでは，標準化得点の積もまた大きな正の値となる．

一方で，x の値が平均より大きく，y の値が平均より小さいという組み合わせでは，標準化得点の積は，負の値となる．また x も y も平均に近い値であれば，標準化得点の積は 0 に近い値になる．

相関係数は，こうして求められた標準化得点の積の平均値である．この値が +1 に近づくのは，x が大きくなれば y が大きくなるという関連があるときである．逆に，y が x とは関連なく分布していれば，標準化得点の積は，プラスとマイナスが打ち消しあって，平均値は 0 に近くなる．

婚外子率と合計特殊出生率の相関係数は，以上の計算から 0.74 となり，両変数に強い相関関係があることがわかる．

表6 相関係数の計算の例

	婚外子率 (x)	合計特殊出生率 (y)	婚外子率の標準化得点 (z_x)	合計特殊出生率の標準化得点 (z_y)	$z_x \times z_y$
アイスランド	63.7	2.04	2.04	1.58	3.22
アイルランド	32.3	1.93	0.06	1.20	0.07
アメリカ合衆国	35.7	2.05	0.27	1.61	0.44
イギリス	42.3	1.63	0.69	0.17	0.12
イタリア	14.9	1.33	−1.04	−0.87	0.91
オーストラリア	32.2	1.77	0.05	0.66	0.03
オーストリア	35.9	1.42	0.29	−0.56	−0.16
オランダ	32.5	1.73	0.07	0.50	0.03
ギリシャ	4.9	1.29	−1.67	−1.01	1.69
スイス	13.3	1.42	−1.15	−0.57	0.66
スウェーデン	55.4	1.75	1.52	0.59	0.89
スロバキア共和国	24.8	1.24	−0.42	−1.18	0.49
チェコ共和国	30.6	1.22	−0.05	−1.23	0.06
デンマーク	45.4	1.78	0.89	0.69	0.61
ドイツ	27.9	1.36	−0.22	−0.77	0.17
ニュージーランド	44.8	2.01	0.85	1.48	1.25
ノルウェー	51.4	1.83	1.26	0.85	1.07
ハンガリー	34.0	1.28	0.17	−1.06	−0.18
フィンランド	40.8	1.80	0.59	0.76	0.45
フランス	46.4	1.91	0.95	1.12	1.06
ポーランド	17.1	1.23	−0.90	−1.23	1.11
ポルトガル	29.1	1.40	−0.15	−0.64	0.09
ルクセンブルク	25.8	1.69	−0.35	0.39	−0.14
韓国	1.3	1.16	−1.90	−1.46	2.77
日本	2.0	1.29	−1.86	−1.01	1.88
平均	31.38	1.58	0.00	0.00	0.74

注：データは2004年のもの
出典：OECD（2007）"Society at a Glance"

5.4.3 相関係数の注意点

散布図よりも相関係数のほうが，より素早く変数間の関連をとらえることができる．また，その結果を簡潔に表現できることは大きな利点である．しかし，相関係数だけで，変数間の関連をとらえることはできない．

相関係数でとらえることができるのは，散布図でみれば直線上に点が分布するような関連である．U字型のような曲線的な分布を示す場合には，変数間には関連があるといえる．つまり，xがある数値になるまでは下がり，それ以上になると横ばいになり，さらに一定の値以上になると再び上昇するという分布であり，yはあきらかにxの値に依存してその値が変わっているということになる．しかし，そうした分布では，相関係数の値はきわめて低くなる．

なぜそうなるのかは，そうした分布で，標準化得点の積がどのような値になるのかを考えてみればよい．xが小さいときには，その値はマイナスになり，xが大きくなればその値はプラスとなる．そのために，標準化得点の積の平均値は，0に近い小さな値となるのである．

似たような誤謬をしやすいのは，データの数がわずかでありながら，実際には変数間にまったく関連はないのにもかかわらず，xとyがともに極端に大きな値（あるいは小さい）をもつケースが，わずかに含まれているような場合である．ごく一部の例外的な者が，きわめて大きな値をとることによって，その平均値が跳ね上がってしまう．

相関係数だけに注目すると，2つの変数に強い相関関係があると誤った判断を下してしまうことになる．相関係数は便利な統計量ではあるが，散布図を併用することによって，こうしたミスを犯さないようにすることに心がけなければならない．

5.5 共変関係と因果関係

ある変数が原因となり，別のある変数に影響をもたらす関係にある場合，2つの変数に**因果関係**があるという．たんに2つの変数が関連しあっている（共変関係にある）ことを指摘するだけでは，有益な分析とはいえない．

分析にあたって仮説を立てる場合，あるいは統計的な分析を行うさいに，分析者は常に，因果関係を意識しなければならない．因果関係を想定するさいに，最低限注意をしなければならないのは，原因となる変数（独立変数）が，時間的に結果となる変数（従属変数）よりも，時間的に先行して属性が定まっていなければならないということである．

図7は，仮説を立てる段階で想定される，あるいは，分析の結果あきらかにされた，2つの変数の因果関係を示している．通常，左側に，原因となる変数がおかれ，右側に結果となる変数がおかれる．どちらが原因であり，結果であるのかは，矢印によって示される．さらに，その関連の方向性が，正・負いずれであるのかを，＋・－の記号で表記する．

社会科学の世界では，原因となる変数が，図7の①のように，単純に一方が他方に影響を与える関係にある場合もあるが，②のように，他の

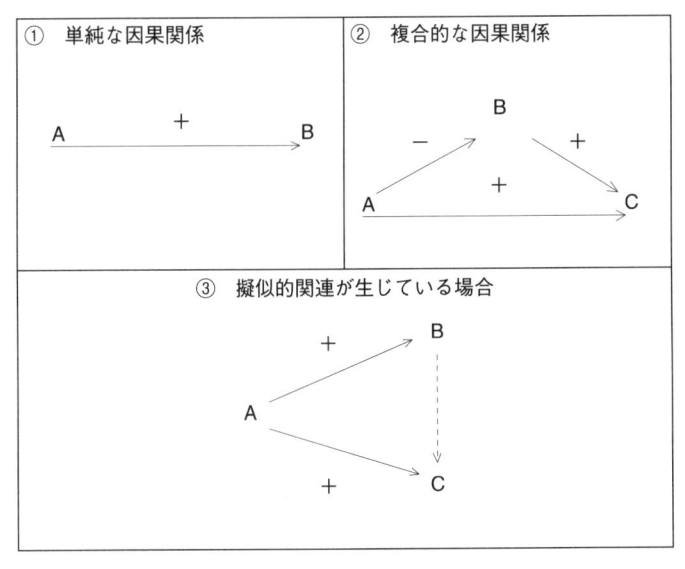

図7 さまざまな変数間の関連

変数と絡み合いながら複合的な因果的関連を形成していることが通常である．

やっかいなのは，相関係数がある程度高く，関連があるようにみえたとしても，それだけでは共変関係があるといえるにすぎないということである．③のように，Aという変数がBとCに関連していれば，BとCのあいだの相関係数が高くなる場合もある．しかし，実際にはBがCには何ら直接的な効果を与えていないこともある．一見，相関係数や散布図で，関連があるかのようにみえたとしても，それは**擬似的関連**である可能性があることに注意をしなければならない．

第6章 コントロールとエラボレーション

6.1 擬似的関連ではないか

これまでに学んだ2変数間の関連をみる方法で集計をしたときに,実際には関係のない変数に関連のあるようにみえてしまうことがある.擬似的関連を見極めるためには,どのような方法があるのかを学ぶことが次の課題となる.

擬似的関連は,たとえば次のような状況のときに生じる.ある政治的な意見を尋ねられたときに,男性と女性によって大きく,賛成と反対が分かれていたとしよう.男女別の賛成派の割合は,クロス集計表を作成すれば,簡単に把握することができる.

すでに述べたように,2変数の集計を行う目的は,仮説にしたがって,想定される,独立変数と従属変数の関連を確かめることである.

この事例の場合に,両者に因果的な関係があるといえるのだろうか.一見,男女による意見の違いであるかのようにみえたものの,実際には,仕事に就いている者に賛成派が多いだけなのかもしれない.つまり,単純な2変数の関連をみるクロス集計には示されていない,第3の変数が重要な影響を及ぼしていることもありうるのである.

では,他の変数によって,擬似的に関連があるかのようにみえているのだということを,見抜くためにはどうしたらよいのだろうか.すでに述べたように,2つの変数が因果関係であるといえるためには,単純に

2つの変数が共変関係にあることを指摘するだけでなく，一方の変数が他方の変数に影響をもたらすメカニズムが理解されなければならない．これは理論的な説明であるといえよう．このメカニズムが理論的に説明できなければ，擬似的関連である可能性がある．

擬似的関連であることを見抜くための第二の方法は，統計的手法を用いて第3の変数の効果を取り除いてしまうことである．

以下に，具体的な方法として，次に，第三の変数の効果を取り除くための統計的手法のいくつかを紹介する．2つの変数間に直接的な関連がない場合，実際に影響をもたらしている第3の変数の効果を取り除いてしまえば，2変数のあいだに，あるかのようにみえた関連が失われることがある．もしそうなったとしたら，2変数にみられた関連は擬似的関連であったと判断すべきである．

このように，変数間の関連をみるうえで，他の変数の効果を取り除くことを，**コントロール**（統制）と呼び，効果を取り除く第3の変数を**コントロール変数**（統制変数）という．データの集計・分析は，変数の関連を一度みたら終わりというものではなく，実際には，試行錯誤を繰り返しながら，さまざまな変数の効果をコントロールした集計を行っていく過程でもある．そうすることで，分析の質が高まり，得られた知見の確かさが増していくのである．さまざまなコントロール変数を分析に加えて，さまざまな角度から，変数間の関連性を確かめていく作業を，**エラボレーション**（精緻化）という．

エラボレーションは，手当たり次第に行われる単純な作業ではなく，理論と経験と入念な準備が求められるものである．コントロール変数を用いた分析をするうえでは，現象を説明するための，さまざまな理論に精通しておく必要があるし，さまざまな要因が結果をうみだすメカニズムを概念化しておくことが必要である．さらには，それを調査設計や調査項目に落とし込み，測定をしておかなければならない．なぜなら分析

者が，コントロールをしたいときに，その変数が測定されていなかったという事態が生じることになるからである．

6.2 第3の変数の影響を取り除く

3重クロス集計は，第3の変数の属性ごとに，2変数によるクロス集計を行い，これをひとつの表にまとめたものである．図8には，ひとつの例として仮想的データにもとづく，子ども期における母親の就業形態別にみた，現在の性別役割意識に関するクロス集計表を掲載している．2変量の関連をみるかぎり，母親が働いていれば，性別役割意識が平等的になる傾向があると，読み取ることができるだろう．

図8には同時に，3重クロス集計表を行ったさいに，現れる可能性のある，3つの関連のあり方を示した．なお，変数間の関連が読み取りやすくなるように，性別ごとのクロス表は結合させず分離したまま示している．

①は，第3の変数の属性に関わらず，2つの変数間には関連がみられる場合である．②は，一見，2変数間にあると思えた関連が，実は性別の効果によるものであったという場合である．

では③には，どのような関連があるといえるのだろうか．①②とは違い，単純には，2つの変数に関連があるとも，ないとも，いいがたいようにみえる．第3の変数の属性によって，2変数の関連が強くなったり，まったくなくなったりするというのがこのタイプである．正確にいえば，第3の変数の属性によって，2変数間の関連の強さやあり方が変わってくるというべきであろう．第3の変数がスイッチのような役割を果たしていて，それに応じて2変数の関連が変わってくるのである．こうした関連を，第3の変数が，2つの変数の関連に，**交互作用**をもたらしているという．

	N	伝統的	平等的
全体	200	100	100
母親就業	100	30	70
母親非就業	100	70	30

子ども期の母親の就業と性別役割意識との関連

①性別に効果がない場合

女性

	N	伝統的	平等的
全体	100	50	50
母親就業	50	15	35
母親非就業	50	35	15

男性

	N	伝統的	平等的
全体	100	50	50
母親就業	50	15	35
母親非就業	50	35	15

②性別によって完全に説明できる場合

女性

	N	伝統的	平等的
全体	100	0	100
母親就業	70	0	70
母親非就業	30	0	30

男性

	N	伝統的	平等的
全体	100	100	0
母親就業	30	30	0
母親非就業	70	70	0

③性別と交互作用効果がある場合

女性

	N	伝統的	平等的
全体	100	50	50
母親就業	50	5	45
母親非就業	50	45	5

男性

	N	伝統的	平等的
全体	100	50	50
母親就業	50	25	25
母親非就業	50	25	25

図8 3重クロス集計による変数間の関連の発見（仮想的データ）

ここに示した分布は仮想的データによるものであり，関連のあり方がこれほどくっきりとみえることは現実にはほとんどないが，参考にしていただきたい．

では，離散変数が独立変数であり，従属変数が連続変数である場合に，第3の変数の効果を単純にコントロールするためにはどのような方法があるだろうか．たとえば，年齢層による結婚満足度評価得点の平均値を示したものの，やはり男女による違いもみておきたいという場合が

これに該当する.

このような場合にも,単純に男性・女性にデータを分けたうえで,それぞれの年齢層による結婚満足度評価得点の平均値を,ひとつの図表にまとめて提示すればよい.関連のあり方や見方は,クロス集計表の場合と違いはない.

2 変数がいずれも連続変数である場合に,擬似的関連であるかを確認するためには,偏相関係数を求めればよい.第 3 の変数の効果をコントロールした連続変数間の相関係数を求めたものを**偏相関係数**という.2 変数間の相関係数が高くても,偏相関係数が低ければ,2 変数のあいだにみられた相関は,擬似的関連であったと判断できる.

第7章 離散変数の関連性

7.1 離散変数の関連をみるための統計量

　離散変数の関連をみるためには，クロス集計表を作成すればよいことは，すでに学んだ．しかし，クロス集計表を眺めていても，2変数のあいだにどの程度の関連があるのかを直感的に把握することは，なかなか難しい．2つのクロス集計表があるときに，どちらのほうが強い関連があるのかを即答することは困難だろう．

　こうしたときに，便利なのが，相関係数のように数値で関連の強さをとらえることができる統計量である．離散変数に適用可能なこうした係数を，属性相関係数という．以下で，属性相関係数の種類と，係数の求め方の基本的な考え方，その数値の解釈について解説していこう．

表7　離散変数間の関連をとらえるための分析法

統計量	用途	範囲
ラムダ（λ）	名義尺度間の関連	0〜1
ガンマ（γ）	順序尺度間の関連	0〜1
ファイ係数	二値変数間の関連	0〜1
クラメールのV	名義尺度間の関連	0〜1
ケンドールのτ	順位尺度間の関連	−1〜1
スピアマンのρ	順位尺度間の関連	−1〜1

7.2 誤差減少率からみた関連

7.2.1 ラムダ

2つの名義尺度がある場合，独立変数 x によって，従属変数 y がどの程度，予測できるのかを示すのが**ラムダ**である．仮に 1,000 人を対象にした調査で，男女が半々，賛成反対の意見が半々にわかれたとする．2分の1が賛成という以外，何の手がかりもないまま，個々人の意見について予測をしなければならない場合，1,000 人についてあてずっぽうに予測をしたら 500 人の意見について，予測は外れることになる．ラムダはこの予測の改善度を示す値である．したがって，0であれば，関連がまったくなく，1に近い値のほうが，両変数に強い関連があるといえる．

たとえば，男性であれば全員が賛成，女性であれば全員が反対という分布になっていたとする．であるならば，x が男性であれば，100 % が賛成，女性であれば 100 % が反対と予測すれば間違いなく，その予測はあたる．つまり，性別さえわかれば，意見はすべて予測が可能という状態である．予測の精度は 100 % にまで改善されることになり，この場合，ラムダは1となる．

下の場合，男性の場合は全員賛成，女性の場合は全員反対と考えれば，予測の精度が高くなる．よってラムダはこうなる．

	賛成	反対	合計
男性	300	200	500
女性	150	350	500
合計	450	550	1000

$$\lambda = \frac{当初の誤り - 性別による予測をした場合の誤り}{当初の誤り}$$
$$= \frac{500 - 350}{500} = 0.3 \tag{7.1}$$

つまり，性別を参考にすれば誤りは 30 ％改善されるので，ラムダは 0.3 ということになる．

7.2.2 ガンマ

ガンマは順序尺度間の関連の強さを，予測率の改善という視点からとらえた統計量である．ラムダと同じように，0 であれば関連がなく，1 に近いほど強い関連があることを示す．

都市規模と公共の交通手段に関する満足度について調査を行い，クロス集計をしたとしよう．下表のような結果がでたとする．

	満足	どちらでもない	不満
大都市	A	B	C
中小都市	D	E	F
農村	G	H	I

両変数の値の序列と回答がまったく一致しているとすれば，「大都市」では全員が満足，「中小都市」では全員どちらでもない，「農村」では全員不満となるだろう．そうであれば，都市規模 x がわかれば，100 ％満足度 y を予測できるだろう．この場合，ガンマは 1 となる．

しかし，現実には，「大都市」で「満足」と回答する者もいれば，「大都市」で「不満」と回答する者もいる．ガンマは観察対象のペアの組み合わせについて，順序尺度間の序列が，どの程度保たれているのかを数値化したものである．

ガンマの計算は次のように行われる．

$$\gamma = \frac{\text{同じ序列の組み合わせ} - \text{逆の序列の組み合わせ}}{\text{同じ序列の組み合わせ} + \text{逆の序列の組み合わせ}} \tag{7.2}$$

上の式でいう「同じ序列の組み合わせ」とは，「都市規模が大きいほど満足度が高い」（正の方向）となっているペアのことを指す．上のクロス集計表の場合，具体的には，以下の組み合わせがある．

「同じ序列の組み合わせ」には以下の組み合わせがありうる．

- A に対する E, F, H, I　　　$A \times (E+F+H+I)$ 通り
- B に対する F と I　　　　　$B \times (F+I)$ 通り
- D に対する H と I　　　　　$C \times (H+I)$ 通り
- E に対する I　　　　　　　$E \times I$ 通り

「逆の序列の組み合わせ」には以下の組み合わせがありうる．

- I に対する A, B, D, E　　　$I \times (A+B+D+E)$ 通り
- H に対する A と D　　　　　$H \times (A+D)$ 通り
- F に対する A と B　　　　　$F \times (A+B)$ 通り
- E に対する A　　　　　　　$E \times A$ 通り

「同じ序列の組み合わせ」の総数と，「逆の序列の組み合わせ」の総数を求めて，上の式に代入すればガンマが求められる．

7.3　クロス集計表の分布の歪みからみた関連

7.3.1　ファイ係数

ファイ係数は，独立変数および従属変数が，いずれも 2 つ値しかとらない変数（二値変数）の組み合わせのときに，その関連をとらえるための統計量である．つまり，使用できるのは，2 行×2 列のクロス集計表の関連をとらえる場合だけである．ファイ係数は 0 から 1 の範囲をとり，1 に近いほど強い関連があるといえる．

ファイ係数が適用できるのが 2×2 のクロス表にかぎられるのには理由がある．ファイ係数は，2×2 のクロス集計表以外では，最大値が 1 以上になってしまい，最大値がクロス集計表の行列の大きさに依存してしまうという難点がある．単純に統計量の大きさで，関連の強さを判定することができなくなってしまうのである．

ファイ係数は，カイ2乗値という統計量から求める．たとえば，下のようなk行l列からなるクロス集計表があった場合，カイ2乗値は以下の式で求められる．

	y_1	y_2	y_j	·	y_l	計
x_1	n_{11}	n_{12}	n_{1j}	·	n_{1l}	$n_{1·}$
x_2	n_{21}	n_{22}	n_{2j}	·	n_{2l}	$n_{2·}$
x_i	n_{i1}	n_{i2}	n_{ij}	·	n_{il}	$n_{i·}$
·	·	·	·	·	·	·
x_k	n_{k1}	n_{k2}	n_{kj}	·	n_{kl}	$n_{k·}$
計	$n_{·1}$	$n_{·2}$	$n_{·j}$	·	$n_{·l}$	n

$$\chi^2 = \sum_{i=1}^{k} \sum_{j=1}^{l} \frac{(n_{ij} - n'_{ij})^2}{n'_{ij}} \tag{7.3}$$

上の式にある n'_{ij} は，行の合計 ($n_{i·}$) と列の合計 ($n_{·j}$) の積をnで割った値であり，期待度数と呼ばれる．カイ2乗値は，実際に観察されたセルの度数と，期待度数との相違がどの程度あるかを数値化した統計量である．

カイ2乗値は，期待度数と観測度数がすべて一致していれば0となる．逆にいえば，カイ2乗値は，クロス集計表において，期待度数と観測度数との差がどの程度大きいのかを示してくれる．統計学では独立性の検定を行うさいにも用いられるので，ここで覚えておくとよい．

ファイ係数は，このカイ2乗値から求めることができる．

$$\varphi = \sqrt{\frac{\chi^2}{n}} \tag{7.4}$$

たとえば下表の場合，カイ2乗値は36であり，ファイ係数は0.6となる．

	賛成	反対
男性	40	10
女性	10	40

7.3.2　クラメールの V

クラメールの V は，クロス集計表で示された離散変数間の強さを示す統計量である．クラメールの V では，ファイ係数とは違い，クロス集計表の行列の大きさを気にする必要はない．というのも，クラメールの V は，ファイ係数をクロス集計表の行列の大きさによらず，最大値が 1 となるように調整したものだからである．クラメールの V の最大値は 1 であり，ϕ 係数と同じく，相関が強いほど 1 に近い値となる．

$$V = \sqrt{\frac{\chi^2}{n \cdot \min(k-1, l-1)}} \tag{7.5}$$

注：$\min(k-1, l-1)$ は，行数 -1，列数 -1 のいずれかの最小値である．

7.4　順位相関係数

2 つの変数のタイプが順位（rank）のとき，その相関を示す統計量に順位相関係数がある．

たとえば学生の長距離走の順位と短距離走の順位にどの程度関連があるのかを知りたいとする．このような場合には，**スピアマンのロー（ρ）** や**ケンドールのタウ（τ）** が用いられる．

スピアマンのローは，以下の数式から求められる．

$$\rho = 1 - \frac{6\sum(x_i - y_i)^2}{n^3 - n} \tag{7.6}$$

だとえば，下の事例では，ローは 0.79 となり，長距離走と短距離走の能力には高い関連があったことがわかる．

学生	長距離:x_i	短距離:y_i	$(x_i - y_i)^2$
A	2	1	1
B	3	2	1
C	9	9	0
D	7	10	9
E	6	7	1
F	10	6	16
G	1	3	4
H	8	8	0
I	4	5	1
J	5	4	1

 順位相関係数として，ケンドールのτもよく用いられる．ひきつづき上の長距離と短距離の例を用いて解説しよう．ケンドールのτはA～Jからとりだせる2組の全組み合わせについて，長距離・短距離での順位関係がどの程度一致しているかを示した統計量である．たとえば，AとCという組み合わせに注目したとする．Aの選手は長距離・短距離いずれもCよりも高い順位である．このときAとCについて，長距離・短距離の順位は同じ序列にあるといえる（これを記号で"同"と示そう）．次にAとGに注目すると，長距離ではAを上回る成績であるが，短距離ではAに劣っている．AとGのペアでは，長距離・短距離の序列が逆になっている（これを記号で"逆"と示そう）．すべての組み合わせ45通りについて，この関係を調べると，「同」方向のペアは36，「逆」方向のペアは9ある．ケンドールのτは，この数字をもとに，下の数式によって求めることができる．Kは「同」じ方向のペアの数，Lは逆方向のペアの数，Mは全組み合わせの数である．

$$\tau = \frac{K - L}{M} \tag{7.7}$$

 序列が2つの変数で完全に一致すればLは0となり，τは1となる．

まったく反対ならば K は 0 となり τ は -1 となる．上の例では 0.6 となる．

7.5 確率の比にもとづく統計量

離散変数の2変数の関連を知りたいときに，ある要因が，結果となる事象を引き起こす確率がどれだけ高いのかを比率で比較したいときがある．このようなときには**オッズ比**を利用するとよい．

オッズとは，ある事象が起こる確率と，それが起こらない事象の確率との比を示したものである．たとえば調査を行ったところ，下のような結果を得られたとしよう．男性の場合，以下の式から「賛成」であるオッズは 0.5 である．

$$\frac{40}{120} \div \frac{80}{120} = 0.5 \tag{7.8}$$

同様に女性が賛成であるオッズは 0.25 である．したがって，「男性が賛成であること」のオッズ比は，「女性が賛成であること」に対して2倍であることがわかる．このことから，男性は女性よりも，2倍「賛成」という意見に傾きやすい傾向があるといえる．

	賛成	反対
男性	40	80
女性	10	40

第8章 官庁統計の利用

8.1 既存のデータを探す

8.1.1 官庁統計を探す

　演習での報告や,リポートを執筆するさいには,最新のデータを参照すべきである.各種の官庁統計の数値を参照して報告や執筆をするさいに大切なことは,文献や論文で引用されたグラフや数字を2次的に参照するのではなく,できるだけオリジナルで新鮮な情報にアタックをすることである.

　これまでに説明した統計学の基礎的な知識を利用すれば,白書や官庁のホームページに掲載された,各種の統計資料を読み解くことは,それほど難しくはないだろう.官庁のホームページも年々充実し,われわれ社会学を学ぶ者にとって,重要なデータが,逐次報告されるようになっている.

　とはいえ,利用できる情報にどのようなものがあるのか,最新の統計データがどこにあるのかとまどいを覚える方も多いだろう.ここでは,日本社会を知るうえで参考になる,官庁統計の一部をテーマごとに分類したものを紹介しておこう(表8).なお,個々に紹介したものは,ごく一部にすぎない.なお,インターネット上の,政府による統計データの総合的な窓口として総務省統計局が『統計データポータルサイト』(http://portal.stat.go.jp/)を開設している.

　国が行っている調査は,官庁の管轄ごとにテーマが設定されている.

表8 わが国で発表されている主要な官庁統計

人口・世帯	学校・教育	住宅・土地
国勢調査(総務省), 人口動態調査(厚生労働省), 人口推計(総務省), 住民基本台帳人口要覧(総務省), 出生動向基本調査(国立社会保障・人口問題研究所), 在留外国人統計(法務省) **健康・生命** 国民栄養調査(厚生労働省), 母体保護統計(厚生労働省), 食糧需給表(農林水産省), 生命表(厚生労働省) **就業・賃金・雇用** 就業構造基本調査(総務省), 労働力調査(総務省), 毎月勤労統計要覧(厚生労働省), 雇用動向調査(厚生労働省), 賃金構造基本統計調査(厚生労働省) **福祉・医療に関する統計** 国民医療費(厚生労働省), 患者調査(厚生労働省), 医療施設調査・病院報告(厚生労働省), 介護サービス・事業所調査(厚生労働省), 学校保健統計調査(厚生労働省)	学校基本調査(文部科学省), 社会教育調査(文部科学省) **社会生活** 社会生活基本調査(総務省), 国民生活基礎調査(厚生労働省), 国民生活選好度調査(内閣府), 社会生活基本調査(総務省), 国民生活に関する世論調査(内閣府) **社会意識** 社会意識に関する世論調査(内閣府) **家計・物価** 家計調査(総務省), 全国消費実態調査(総務省), 単身世帯収支調査(総務省), 消費動向調査(内閣府), 貯蓄動向調査(内閣府), 消費者物価指数(総務省), 全国物価統計調査(総務省)	住宅需要実態調査(国土交通省), 住宅・土地統計調査(総務省), 大都市交通センサス(国土交通省), 地下公示(国土交通省) **産業** 農業構造動態調査(農林水産省), 漁業センサス(農林水産省), 建築着工統計(国土交通省), 機械受注統計(内閣府) **企業活動** 事業所・企業統計調査報告(総務省), 企業活動基本調査(経済産業省), 法人企業動向調査(内閣府), 法人企業統計(財務省) **経済** 国民経済計算(内閣府), 産業連関表(総務省), 国際収支統計(財務省), 景気動向指数(内閣府)

たとえば，健康や医療について知りたいのならば，厚生労働省のホームページを閲覧することだ．学校やスポーツに関する動向を知りたいのであれば，文部科学省のホームページをみるとよい．

こうした官庁では，単発的なトピックを扱い，時代に即したトピックについて，データ収集を行っていることも多い．ここにあげたテーマについても，最新の動向を知ることができるかもしれない．卒業論文のテーマを考えるさいに，安易に調査をやることを希望する学生が多い．しかし，調査内容を尋ねると，すでに，官庁によって調査や統計資料が発表されていることも少なくない．調査の企画を行うさいには，すでに類似したテーマの調査が行われていないか，あるとすれば調査をやる必要があるのか，について入念に検討をしたほうがよい．

つまり，自分の関心のあるテーマについて，どこかの団体や機関が統計資料を発表している可能性に留意をすべきである．たとえば，官庁以外にも，報道機関や各種の協会が発表する資料や調査報告，あるいは年鑑などもまた利用価値が高い．

なお，こうした集計表データを利用するさいには，結果ばかりに目がいきがちであるが，利用価値がある調査であるのかどうかについて，自ら調査概要を把握して判断をする必要がある．信頼できる調査かを判定する基準としては，サンプリングの方法や，規模，調査項目の質などがある．的確な判断を行うためには，統計学よりも，むしろ，社会調査法の知識が必要である．

8.1.2 インデックスによる探索

官庁統計などのデータを多岐にわたり総合的に把握したい場合，あるいは目的にそった統計資料を索引から探したいのであれば，総務省統計局『統計情報インデックス』，全国統計協会連合会『統計調査総覧』，内閣府大臣官房政府広報室『世論調査年鑑』等が参考になる．

また，広く関心が集まるトピックについては，すでに白書やデータ

ブックが刊行されている場合がある．図書館などで，これらを閲覧すれば，図表とともに，その出典が示されているはずだ．それを控えていけば，利用できそうな調査のチェックリストが完成するはずである．また特定の研究分野を専門に調査や資料の収集を行っている機関がある．自分の抱えているテーマについての，専門的な研究機関を把握しておくとよいだろう．たとえば，結婚や出生といった家族に関する統計を提供してくれる専門機関としては，「国立社会保障・人口問題研究所」がある．同様に，家計に関しては「財団法人家計経済研究所」，労働に関しては「独立行政法人労働政策研究・研修機構」の情報が充実している．

8.1.3 地域別データの収集

都道府県レベルの統計や，自治体レベルの統計を他の自治体と比較するには，総務省統計局による『統計でみる市町村のすがた』や『統計でみる都道府県のすがた』がある．これは，各種の，社会・人口統計を地域別にまとめたものである．人口，世帯，自然環境，経済・行政基盤，教育，労働，居住，健康・医療，福祉・社会保障などの地域別統計データを，国連で提唱された社会人口統計体系にもとづいて収集した資料集である．自治体ごとの特徴を比較できる点では頼りになる資料といえるだろう．

最新の統計資料を閲覧するさいに，頼りになるのは，自治体の資料閲覧室や図書館である．自治体が独自に行った各種の調査結果を閲覧することができる．過去に行われた，小規模な調査の報告書なども，保管されているはずである．また，自治体によっては年鑑や年史を刊行している地域も多い．各種の統計データは，発表年次前後のものだけがまとめられている場合が多いので，時代による変化を，読み解くためには，こうした資料があれば便利である．ただし最新の数値が掲載されていない場合には，自分で資料をみつけて補う必要がある．

また，地域資料を収集するさい，みつけにくいのは，地域レベルで行

われた民間や学術団体による小規模な調査である．規模は小さくとも，地域の重要な産業に関する調査結果であったり，特定地域の全数調査であったりすれば，貴重な情報源となりうる．そうした情報源も，また地元の図書館，地元の大学や業界団体にアプローチをしなければ，発見することは難しい．あるいは，近年，大学による地域振興や地域との連携が推進されるなかで，地域研究センターを開設している大学が増えている．そうしたところでは，地域資料の収集を積極的に行っているはずであるから，足を運ぶ価値があるかもしれない．

8.1.4 個票データを探す

集計表データでは，自分の欲しい集計表が提示されているとはかぎらない．男女別のクロス集計表がでていても，年齢別の集計表が欠けているという事態が起こりうる．基本的な集計法で学んだ集計法・分析法を，自在に適用したいのであれば，個票データを利用するほかはない．

かつては，個票データを扱うためには，原則的には，個人やグループで自らデータ収集を行うほかはなかった．しかし，それでは，データの価値を十分に活かすことができないまま，データは抹消されて忘れ去られてしまうことになる．また，個人や小規模な集団では，おのずと実施できる調査の規模も小さいものとならざるを得ない．こうした無駄を排除するためにつくられているのが，データ・アーカイブという機関である．データ・アーカイブには，調査の個票データが調査を実施した個人や団体から寄託され，管理されている．研究者は，使用したいデータの利用申請を行い，データを借り受けることができるのだ．ただし，データの利用目的や利用資格については，データ・アーカイブによって制限があり，利用のさいにはいくつかの誓約事項を守ることを求められる．現在，日本で運営されているデータ・アーカイブには東京大学社会科学研究所による「SSJ データ・アーカイブ」などがある．

データ・アーカイブのホームページには，寄託されたデータを検索す

るシステムが用意されている.テーマによる分類や,キーワードなどによる検索ができるので,比較的簡単に利用したいデータがみつかるはずである.また,通常データ・アーカイブには,調査項目の詳細や,測定されている変数のリスト,発表された報告書や論文などの情報が同時に掲載されている.データの2次分析を行わない者であっても,どのような調査が行われているのかを詳細に知ることができるのは,データ・アーカイブの隠れた魅力であるといえる.

8.2 官庁統計を読み解く

新聞による報道や,刊行されている専門書の多くも,官庁統計をもとに執筆されたものが多い.学生の書いたレポートや卒業論文には,そこに示された資料や図表を参照しているものが多いが,自ら官庁統計を参照するように努めるべきである.最新の統計があらたに発表されていることや,数値が修正されていることがあるからだ.

調査名がわかれば,インターネットで検索をすれば,最新の調査報告を探すことは簡単にできる.各省庁のホームページから,最新の,詳細にわたる統計資料を閲覧することができるだろう.また,調査票や統計データの算出法の詳細についても情報を得ることができる.

調査報告の多くは,PDF形式の報告書になっているが,なかには国勢調査や労働力調査のようにデータの一部をEXCEL形式で公表しているものもある.こうしたデータが入手できれば,データを自ら加工することや,図表を作成することが簡単にできる.すでに公表されたデータから,オリジナルな図表を作成することができる.たとえば,ここで学んだ統計処理の方法を活用して,官庁統計から調べた「都道府県別の有効求人倍率」と「人口流出率」の相関係数を求めてみたらどうだろうか.自ら調査を行わなくても,十分にオリジナリティあふれる発見をす

ることができるのである．

しかし，統計データや指標を読みとくことは，それほど単純な作業ではない．たとえば，「少年犯罪が増えている」といわれるが，これを犯罪統計から確認することは，そう簡単にはいかない．犯罪を起こした者が少年であるかどうかは，犯人が特定できなければ，わからないからである．統計データがどのようにつくられたかを理解し，どのような集計をすれば自分が知りたいことがわかるのかを理解しておく必要がある．

たとえば，晩婚化が進んでいるということを示すためには，どのような数値化が最適なのだろうか．一定の期間（通常は1年間）に初めて結婚した人びとの年齢を，平均初婚年齢という．この平均初婚年齢は，晩婚化が進んでいることを示すうえで，最適な数値化の方法だろうか．残念ながら，そうではない．一定の期間に初めて結婚をした人びとの年齢の平均値を出す方法では，結婚をしない人は集計の対象とならない．生涯結婚をしない人びとは，平均初婚年齢の集計対象にすらならないのである．晩婚化の進行を示す数値化の方法で，平均初婚年齢よりも適しているのは，年齢別未婚率である．

時間・空間を通じた比較は，指標を作成することによって，ある程度簡単になる．指標とはある主題に関する社会・経済の状態を，一定の規則にもとづいて統計データをとりまとめ数字によって示したものをいう．通常，時間や空間によって異なる条件は，指標を作成することによって，ある程度標準化することができる．

たとえば経済学者は，景気動向をさぐるために，さまざまな経済指標をつくりあげてきた．景気動向指数やGDPの成長率によって，われわれは，景気の方向性を簡単に把握することができる．統計学のおもしろさは，複雑な現象を，わずかな数値で量的に表現できるところにある．社会経済の動きを，定期的に体温をはかるように知ることができることには大きな強みがある．

ただし，指標であっても，その作成方法や元になるデータを十分に理解することは必要である．たとえばアジア諸国の景気動向指数は，1月，2月期に関しては，ブレが出やすい．旧正月が，年によって違うためである．また，日本の GDP の成長率は，その算出手続きに要する事務手続きが煩雑なため，速報値と確報値，確々報値の3段階で発表される．これがまた意外なほどにブレがある．統計を正しく理解するためには，そうした指標のもつ癖を知らなければ使いこなすことは難しいといえるだろう．社会の変化を統計からとらえることは，それほど簡単なことではない．社会の動きを解釈するためには，自分が利用する集計データがどのように得られた数字なのかを把握していなければならない．

経済指標ほど多様さはないものの，社会の変化をとらえるためにさまざまな**社会指標**がつくられている．たとえば，少子化の度合いを示す数字として，よく利用されるのは，**合計特殊出生率**である．単純な出生数では，人口の規模がコントロールされていないし，人口当たりの出生数では，年齢構成の違いをコントロールすることができない．時代や国を超えた比較をするためには，年齢ごとの出生率を合計した値を利用すればよい．合計特殊出生率は，便宜的に15歳から49歳までを出産可能期間とみなし，この年齢幅における年齢別の出生率を合計した値である．したがって，合計特殊出生率は，生涯に一人の女性が出産する子どもの数であるとみなせる．ただし，現時点の年齢別出生率が不変であると仮定した場合であることはいうまでもない．

また，格差の拡大を知るためには，**ジニ係数**が用いられている．所得の大きさは，時代や国ごとに異なるために，格差を比較することは容易にはできない．ジニ係数は簡単にいえば，全体の所得の合計が高額所得層に与えられている割合を指標化したものである．完全に所得格差がない社会ではジニ係数は0となるが，格差が拡大するほど1に近づいていく．わが国では，ジニ係数は「家計調査」や「全国消費実態調査」の結

果から，算出されている．その数字は次第に高くなる傾向にあり，わが国の所得格差が拡大していることを示している．ただし高齢化にともない，年金だけに所得を依存する世帯の割合が次第に増えていることも確かである．一概にジニ係数の上昇だけで，格差の拡大が進んでいるとはいえないところに，社会指標を利用することの難しさがある．

付録 SPSSによる基本的な統計処理

以下では統計パッケージソフトのSPSSの使い方について触れる．使用するSPSSのバージョンはversion 15であるが，基本的な操作方法はどのバージョンでもほぼ同じである．

ここでの解説は，授業等で実際にSPSSを操作しながら，参照していただくことを前提にしている．ここではSPSSを使うために必要な最小限の知識を伝えるにとどめたい．

付.1 SPSSの基本操作

1.1 SPSSのデータ

SPSSの画面は，集計を行うデータを操作するデータエディタと，集計結果を表示するSPSSビューワに大きくわかれている．両方のデータは，それぞれ別々に編集と保存ができるようになっている．

1.2 データの入力・ファイルの読み込み

SPSSのデータを開くときはアイコンをダブル・クリックするか，「ファイル」メニューから読み込みを行えばよい．自らデータ入力をするさいには，データ・エディタ・ウィンドウに直接入力する方法と，EXCELのような表計算ソフトで入力したデータを，「ファイル」メニューから読み込むやり方がある．

1.3 変数ビューでの操作

データ・エディタの左下にある「変数ビュー」というタブをクリックすると,変数の一覧が現れる.ふたたびデータをみたいときには,画面の左下にある「データビュー」というタブをクリックする.「変数ビュー」では,変数のさまざまな特性を指定することができる.編集ができる変数の属性のうち,重要なものは以下のとおりである.

型(変数のタイプ) コンピュータがその変数を文字として扱うのか,あるいは数値として扱うのかを指定する.これにより並び替えの順番が変わったり,入力できない値が生じたりする.各変数について,「数値型」「文字型」など型から適したものを選択する.

ラベル(変数ラベル) 変数名にはあまり長い名前をつけることはできない.そこで変数の内容がわかるように,説明をくわえることができるようにラベルを指定することができる.表中には,変数名ではなく,ここで指定したラベルを表示させることができる.入力や編集をするためには,当該変数の「ラベル」のセルをクリックすると現れる灰色のボタンを押せばよい.小さいウィンドウが現れたら,そこに値とラベルを入力し「追加」を押す.入力し終わったら「続行」を押す.

値(値ラベル) データとして入力されている数字が何を意味するのかがわかるように,ラベルを指定することができる.上のラベルと同様に,集計表に,ここで指定した値ラベルを表示することができる.指定をするためには,当該変数の「ラベル」のセルをクリックし,値とラベルを入力したら「追加」を押せばよい.すべての値についてラベルが入力し終わったら「続行」を押す.

欠損値 無回答や非該当などの理由で集計から除外をしたい値がデータに含まれることがある.それを集計から除外するためには,ここで欠損値の定義を行う必要がある.そのためには,あらかじめ「回答拒

否」「わからない」「記録なし」といったものに対してそれぞれ別の
コードを割り当てておかなければならない．指定をするためには，当
該変数の欠損値の欄をクリックすると現れる灰色のボタンを押し，欠
損値として扱われる値を指定すればよい．

1.4 SPSS ビューワの操作

SPSS では集計を行うとその結果は，SPSS ビューワに蓄積されてい
く．ここで，ユーザーは，出力結果を管理し，印刷し，データとして保
存をすることができる．ここで SPSS の基本的な機能について紹介し
ておこう．

出力結果の階層的管理 SPSS ビューワでは左側のメニューによって
これまでに行った集計結果のリストが一覧できるようになっている．
左側のメニューにある項目をクリックすると，閲覧したい集計結果に
ジャンプできる．「編集」メニューの「アウトライン」をクリックする
と，出力結果の階層を操作できる．また階層の順序を入れ替えたり，
不要になった分析を削除したりすることも直感的にできる．

出力結果の編集 特定の図表をダブル・クリックすると，出力結果の
編集ができる．そこでは，表のデザインの修正を行うこともできる．

印刷 印刷したい集計結果を左側の項目一覧から選択する．次に
「ファイル」メニュー「印刷プレビュー」をクリックし，表示を確認し
たうえで「印刷」を選択するとよい．ただし，大きな表は数ページに
渡って印刷されてしまう．1ページに大きな表を印刷させるには次の
ようにすればよい．まず印刷したい表をダブルクリックし，編集可能
な状態にし，「テーブルプロパティ」の設定で「印刷」タブを押し，「幅
広のテーブルを再調整」「縦長のテーブルを再調整」をオンにする．

1.5 データの保存

データ・エディタでは，メニューの「ファイル」から「名前を付けて保存」を選択する．SPSSビューワも同様に「ファイル」から「名前を付けて保存」を選択すればよい．

付.2 本書で学んだ集計方法

ここで学んだ集計をSPSSでは簡単に実行することができる．以下に，その方法をまとめた．SPSSでの集計は，データ・エディタもしくはSPSSビューワのメニューにある「分析」をクリックすることから始まる．以下は，その「分析」というメニューをクリックした後に，示されるサブメニューのなかで，各集計法を実行するために必要な操作法を示している．

度数分布 「記述統計」のサブメニューにある「度数分布表」をクリックすると，小さいウィンドウが開く．左側にある変数のリストから集計したい項目を選択し，右の「変数」に組み込む．「OK」をクリックすると出力結果がSPSSビューワに表示される．

平均・分散・標準偏差 「記述統計」のサブメニューにある「記述統計」をクリックすると，小さいウィンドウが開く．集計したい変数を選択し，右の「変数」に組み込む．「オプション」でどのような集計を行うのかを指定し「続行」をクリック．「OK」をクリックする．

四分位・パーセンタイル 「度数分布表」の作成でオプションに「パーセンタイル」を指定すれば，度数分布表とともに，パーセンタイルが出力される．

属性別の平均・分散の比較 「記述統計」のサブメニューにある「探索的集計」をクリックし，「因子」にグループ分けに使用する変数を組

み込む．集計したい変数を「従属変数」に組み込み，「統計」でどのような集計を行うのかを指定して「続行」を押し，「OK」をクリックする．

クロス集計 「記述統計」のサブメニューにある「クロス集計表」をクリックし，「行」「列」にそれぞれ集計に使用する変数を組み込む．独立変数を「行」にし，従属変数を「列」にする．行パーセンテージを表示させるためには，「セル」をクリックし，パーセンテージの「行」をオンにする．三重クロスを行うためには，「層」の欄にコントロール変数を組み込む．

相関係数 「相関」メニューにある「2変量」をクリックする．表示された小さなウィンドウに，相関係数を求める変数を2つ以上指定する．

偏相関係数 「相関」メニューにある「偏相関」をクリックする．表示された小さなウィンドウに，相関係数を求める変数を2つ以上指定し，コントロール変数になる変数を「統制変数」に入れ，「OK」を押す．

以下は，7章で学んだ離散変数間の関連を知るための統計量を，SPSSで得るための，方法をまとめたものである．SPSSでは，これらはいずれも「クロス集計表」の作成を実行するときに，表示されるオプションとして用意されている．

ラムダ クロス集計表の作成で「統計」ボタンを押す．名義データの欄にある「ラムダ」をオンにする．

ガンマ クロス集計表の作成で「統計」ボタンを押す．順位データの欄にある「ガンマ」をオンにする．

ファイ係数 クロス集計表の作成で「統計」ボタンを押す．名義デー

タの欄にある「ファイと Cramer の V」をオンにする.

クラメールの V クロス集計表の作成で「統計」ボタンを押す. 名義データの欄にある「ファイと Cramer の V」をオンにする.

スピアマンの ρ とケンドールの τ は, 相関係数を求める際のオプションとして提供されている. したがって, これらは,「相関係数」の計算のためのオプション機能として表示させることができる.

スピアマンの ρ 相関係数の計算を実行するさいに, オプションの「Sperman」をオンにする.

ケンドールの τ 相関係数の計算を実行するさいに, オプションの「Kendall b」をオンにする.

付.3 SPSSによるデータの加工

統計処理の過程で, 変数を加工する必要にせまられることが多い. SPSS による変数の加工の方法について紹介しておきたい.

3.1 計算による加工

連続変数(SPSS でいう数値型)のデータであれば, 計算をすることで, 新しい変数を作成することができる. たとえば,「調査年」と「出生年」の変数とから, 対象者の「年齢」を計算によって求めたい場合がある. このような場合, 以下の方法で変数の作成を行う.

① メニューにある,「変数の計算」をクリックする.
② 図9のウィンドウが表示されたら, そこに以下の指定を行う.
　(ア)「目標変数」に自分が作成したい変数の名前(年齢)を入力する.
　(イ) 数式に, 数値, 変数名, 演算子を指定する. たとえば, 調査年

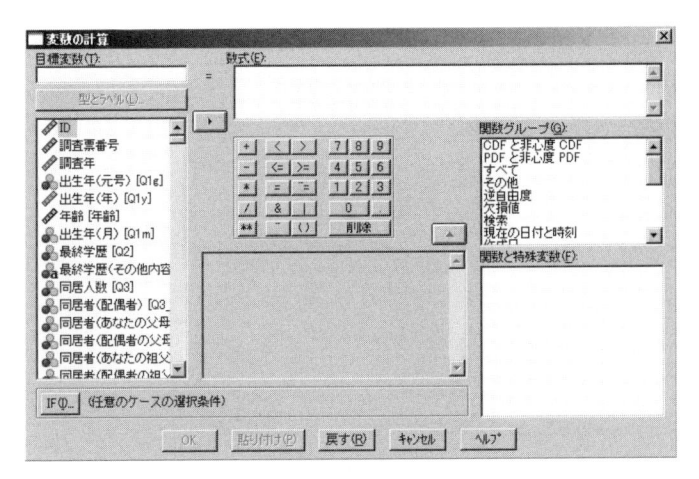

図9 変数の計算をさせるためのウィンドウ

と出生年から調査時の年齢を計算させたいのであれば,「調査年 − 出生年」のような数式を入力すればよい.変数名は左側にある変数リストから指定するとよい.

③ 「OK」ボタンを押せば,変換が実行され,一番右側の列に新しい変数が作成される.

なお一部の該当者に対してだけ,計算を行いたい場合には,以下のような条件付きの変換をすればよい.

④ 一部のデータを変換したい場合には,②の次に「IF」ボタンを押す.図10のウィンドウが表示される.

⑤ 「IF 条件を満たしたケースを含む」をオンにし,その下の枠に選択条件を指定する.たとえば,男性だけを指定したい場合には,「性別 = 1」のように入力する(男性のコードが1であると仮定).変数は左のリストから指定するとよい.

⑥ 以上が指定できたら,「続行」を押し,上の③を実行する.

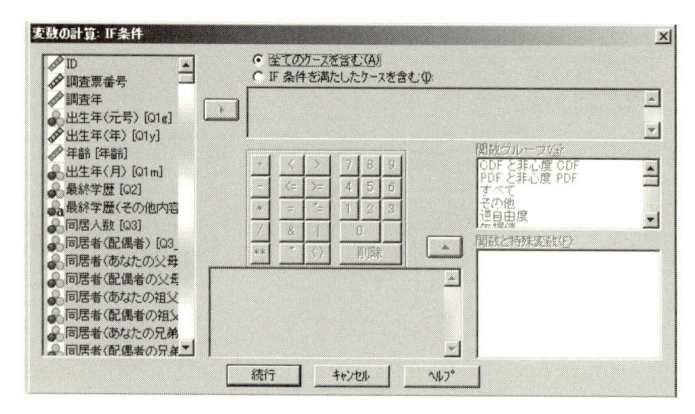

図10 変数の計算のための条件づけをするウィンドウ

3.2 値の再割り当てによる加工

新たに作成したい変数が離散変数であるときには，値の再割り当てを行えばよい．たとえば年齢を，5歳ごとの年齢カテゴリーに変換するような場合がこれに該当する．このような場合，以下の方法で変数の作成を行う．

① メニューの「変換」をクリックし，サブメニューにある，「他の変数への値の再割り当て」をクリックする．

② 図11のウィンドウが表示されたら，それに，次の内容を指定する．

（ア）入力変数・・・左の変数リストから，変換元となる変数（年齢）を選び，矢印ボタンで入力変数に指定する．

（イ）出力変数・・・変換先変数の名前に，自分が新たにつくる変数名（年齢カテゴリー）を入力し，下の「変更」ボタンを押す．

③ 入力変数と，出力変数が表示されていることを確認する．

④ 「今までの値と新しい値」というボタンを押す．

⑤ 図12のウィンドウが現れたら，「今までの値」に，変換元の変

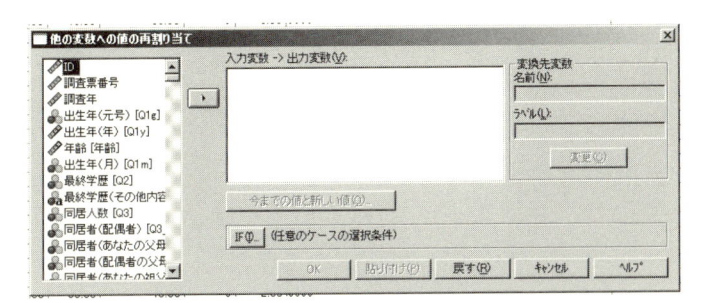

図11 値の再割り当てを行うためのウィンドウ

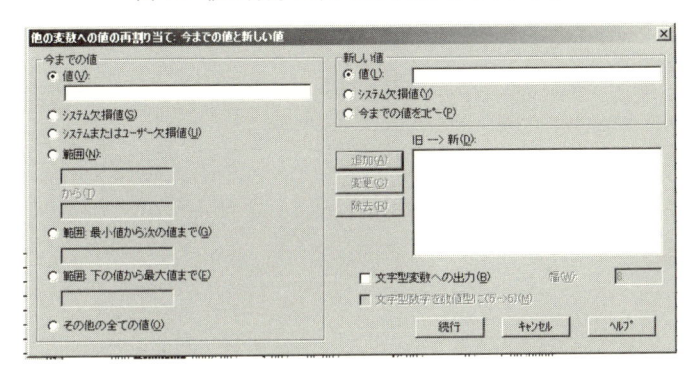

図12 値の変換規則を指定するためのウィンドウ

数（入力変数）の値を指定する．図12では「値」がオンになっており，単一の値を指定するようになっている．「範囲」をオンにすれば，「20～24」（歳）までといった範囲を指定することができる．

⑥ 新しい値に，変換先変数（出力変数）に，⑤で指定した値を，何に変換したいのかを指定する．

⑦ 「追加」ボタンを押す．

⑧ すべての変換規則が指定されるまで，⑤から⑦の操作を繰り返す．これが終了したら「続行ボタン」を押す．

⑨ 図3にもどるので，「OK」を押し，変換を実行させる．これに

よって，データの一番右の列に新しい変数が追加される．画面上や度数分布の集計によって，作成した変数のチェックを行う．

おわりに

　現代はいたるところで情報が収集され記録されている社会である．情報の記録量が，爆発的に増加をしていく様子を表現した「データ爆発の時代」という言葉も聞かれるようになった．しかし情報の渦に漠然と巻き込まれているだけでは，データの持つ意味を読みとくことはできない．本書では，蓄積された情報から，有意義な情報を導きだすための簡便な方法について解説してきた．

　統計学を体系的に学ぶには，ここから，推測統計学や多変量解析といったさらに高度な分析技法に進む必要がある．しかし，一般的な仕事や生活の場面でデータに触れることになったら，ここで紹介した集計法だけでも十分に対処できることだろう．シンプルではあるが，そのぶん汎用的であるし，切れ味も鋭い．的外れな扱い方をして，痛い目にあうことも少ないだろう．

　そうした機会がない方も，実際に手元にあるデータをもとに，ここで紹介した集計法のいくつかを試してみるとよい．集計を終えた読者は，おそらく，次のように問いかけてくるだろう．「これって意味のある数字（あるいは差）なのでしょうか」と．

　これは実に答え方に窮する問いである．なぜなら，この問いはいくつもの違った問いに解釈ができるからである．標本調査の単純集計でみられた属性間の差が，母集団でもみられるのか否かを尋ねているのなら，推測統計学で学ぶ区間推定や統計的検定を行えばよい．その差が，たまたま標本にあらわれた誤差かどうかの見当がつくだろう．

　しかし，その分析結果が研究者や研究対象とって，社会的に重要な意味をもっているのかを尋ねているのであれば簡単に答えることは難しい．数字の捉え方は，社会や個人のおかれた状況によって，まったく異

なるからである．その意味を説き明かすのは，統計学の仕事ではない．集計結果の意味を適切に評価するには，社会に関する常識や先行研究のレビュー，地域間や時系列での比較，さらには対象者への質的調査などが，求められる．

　数字の意味を読み解くことは，集計が終わった後の楽しみでもある．その問いを人任せにはせず，データの語りかける言葉に耳を傾けながら，じっくりと自分の頭で考えてもらいたい．そこにたどりつくまでの一助として，本書がお役に立てればさいわいである．

　平成 20 年 2 月

澤口恵一

〈参考文献〉

青木繁伸，1999『基礎の統計学』開成出版.
石村貞夫，2007『SPSSによる統計処理の手順（第5版）』東京図書.
池田央，1976『統計的方法1』新曜社.
石居進，1992『生物統計学入門－具体例による解説と演習』培風館.
芝祐順・渡部洋，1984『統計的方法2』新曜社.
新村秀一，1995『パソコンによるデータ解析―統計ソフトを使いこなす』講談社.
新村秀一，2004『JMP活用 統計学とっておき勉強法―革新的統計ソフトと手計算で学ぶ統計入門』講談社.
盛山和夫，2004『社会調査法入門』有斐閣.
盛山和夫・近藤博之・岩永雅也，1992『社会調査法』放送大学教育振興会.
中道實，1997『社会調査方法論』恒星社厚生閣.
Babbie, Earl Robert & Fred S. Halley, 1995, *Adventures in Social Research: Data Analysis Using SPSS for Windows*, Pine Forge Press.
Bohrnstedt, George W. and David Knoke., 1988, *Statistics for Social Data Analysis*, Itasca: F. E. Peacock.（＝ 1999, 海野道郎・中村隆訳『社会統計学―社会調査のためのデータ分析入門』ハーベスト社.）
Hoel, Paul G.,1976, *Elementary Statistics, 4th edition*, John Wiley & Sons.（＝ 1981, 浅井晃・村上正康訳『初等統計学』原書第4版, 培風館.）
Vogt, W. Paul., 1993, *Dictionary of Statistics and Methodology*, Sage Publications.
Zeisel, Hans., 1985, *Say It with Figures,6th edition*, Harper Collins.（＝ 2005, 佐藤郁哉・海野道郎訳『数字で語る―社会統計学入門』新曜社.）